Adlassnig-Tschirk
Österreichisch für Fortgeschrittene

Hans Adlassnig
Roman Tschirk

Österreichisch für Fortgeschrittene

Ein heiteres Lexikon
Alphabet von Rudolf Angerer

Amalthea

2. Auflage 1988

Schutzumschlag: Rudolf Angerer
Satz: SatzStudio Pfeifer, Germering
Druck und Bindung: Wiener Verlag, Himberg bei Wien
Printed in Austria 1988
ISBN 3-85002-226-9

Vorausgeschickt

Wir müssen vorausschicken, daß Sie unser Büchlein »Österreichisch für Anfänger« bereits gelesen und in seinen Grundzügen verstanden haben. Nur dann nämlich hat es Sinn, fortzuschreiten und sich in diesen Lehrgang zu vertiefen, denn das vorliegende Büchlein ist die logische Fortsetzung des oben erwähnten Bandes.
Mit dem Wörtchen »Zwirnknäullerl« endete »Österreichisch für Anfänger«. Erinnern Sie sich? Die Erklärung lautete: »Beliebtes österreichisches Testwort für Leute, die nach Lektüre dieses Büchls glauben, nun österreichisch zu können.«
Vorausschicken müssen wir weiters: Wer glaubt, die deutsche Sprache in Wort und Schrift perfekt zu beherrschen, möge nicht weiterlesen. Er ist unbelehrbar und wird in die Höhen und Tiefen der österreichischen Sprache noch viel weniger eindringen.
Deutsch und Österreichisch – das ist ein Beispiel dafür, was aus den Kindern einer einzigen Mutter werden kann.
Selbst wenn in beiden Sprachen dasselbe Wort gebraucht wird, muß es nicht immer

dasselbe bedeuten. Denken Sie etwa nur an das Wort »Leinwand«!

Wenn es nun schon bei einem einzigen Wort so krasse Unterschiede gibt, wie sehr gehen die Bedeutungen erst bei Redewendungen oder ganzen Sätzen auseinander!

In einem eigenen Teil haben wir versucht, für Fortgeschrittene einige Beispiele anzuführen. »I brich o!« ist eines davon.

Noch etwas müssen wir vorausschicken: Erwarten Sie keine wissenschaftlichen Abhandlungen. Was es über den Ursprung der österreichischen Sprache zu sagen gibt, haben wir bereits in »Österreichisch für Anfänger« angedeutet. In der Zwischenzeit hat sich daran nichts geändert.

Uns bleibt nur noch, Ihnen bei der Lektüre dieses Büchls ebenso viel Spaß zu wünschen, wie wir ihn hatten, als wir es schrieben.

Wien, im Sommer 1986 *Hans Adlassnig*
Roman Tschirk

Adabei

Einer der glaubt, daß es ohne ihn nicht geht. Man muß dabei jedoch bedenken, daß niemand unnütz ist, denn gegebenenfalls kann er noch immer als schlechtes Beispiel dienen.

Adaxl

Eidechse, Kriechtier, das gerne seine langen Krallen zeigt. Kann anhand seiner schnellen Fortbewegung jedoch keinesfalls als Amtsschimmel bezeichnet werden.

Amasn

Ameise, aber auch »a Masn« = Glück. Wenn zum Beispiel jemandem etwas gelingt, was genaugenommen gar nicht möglich war, dann hatte dieser Mensch »a Masn«.

Anblasn

Zum Beispiel: Dem Tischnachbarn den Rauch der Zigarre ins Gesicht blasen. »Anblasn« ist aber auch sogenanntes Unterarmtraining, wobei das in der Hand befindliche, mit Bier, Wein, Schnaps oder dergleichen gefüllte Glas eine wesentliche Rolle spielt. = Antrinken nach dem Grundsatz: lieber Alkohol statt Wasser, damit die Gesundheit nicht rostet.

Angstraat

Mit Alkohol vollgelaufen. Zustand, in dem man beispielsweise Weintrauben mit dem Nußknacker öffnet und der oftmals damit beginnt, daß man sagt: »Herr Ober, bringen Sie mir dasselbe wie dem Herrn dort drüben, der so fröhlich unter dem Tisch liegt!«

Anpumperer

Angeber. Einer, der eigentlich nie weiß, wo er hinwill, der jedoch bestrebt ist, stets der erste zu sein. Im Grunde genommen einer, der mit dem Munde alles kann, in der Praxis aber meist zu nichts zu gebrauchen ist.

Anschicht

Abgelegene Gegend, wo man die Flöhe husten und die Frösche quaken, aber auch noch die Nachtigallen schlagen hören kann. Ein Ort, wo alte Hammel mit jungen Schäfchen noch einmal munter werden können.

Antrenzt

Speichelfluß in verkehrter Richtung, der unliebsame Spuren hinterläßt.

Antritscht

Geistig beschränkt. Antritscht ist zum Beispiel einer, der es sich in den Kopf gesetzt hat, für Nichtschwimmer Schwimmbecken ohne Wasser zu bauen, oder einer, der der Meinung ist, daß der Glühwein an den Hängen des Vesuvs wächst.

Aufbladln

Jemanden bloßstellen, wie zum Beispiel einen Angeber, der von sich behauptet: »In der Firma arbeiten 400 Angestellte unter mir«, und zur Antwort erhält: »Ja, weil du in der zehnten Etage sitzt!«

Aufdrahn

Energiestoß des überschäumenden Herzens. Jemandem gewaltig die Meinung sagen, aber auch großtun; wie zum Beispiel der kleine Maxi, der zu seinen Eltern sagt: »Was, ein Brüderchen wollt ihr mir schenken? Danke nein, noch werde ich mit euch allein fertig!«

Aufmascherln

Sich schön machen, um zu gefallen. Deshalb trugen einst die Mädchen den Bikini so knapp, daß den Männern der Atem ausging. Aber selbst heute, im Zeitalter des Trikini (Hut, Sonnenbrille und Badeschlapfen), gilt noch die alte Regel: Das beste Mittel, um unschöne Beine zu verbergen, ist ein tief ausgeschnittenes Dekolleté.

Aufzwickn

Sich an ein Mädchen heranmachen, wobei es allerdings nicht angebracht ist, ihm sofort zu gestehen, daß man sich nun wie Napoleon fühle, um gleich darauf die Hand in ihre Bluse zu stecken.

Ausbegln

Ausbügeln, glätten. Vor allem versteht man aber darunter: eine Angelegenheit, falls man etwas »ausg'fressen« (s. d.) hat, ins rechte Lot zu bringen: wenn möglich, nach dem

Motto: »Mach jeden Tag einen Menschen glücklich – wenn es nicht anders geht, zumindest dich selbst!«

Ausg'fressen

Die Linie betreffend: etwa voluminöser sein, als man es sich wünscht; andererseits aber auch: Unrecht begehen, wie zum Beispiel jener Mann, der die Frau, die er liebt, zur Mutter des Kindes ihres Mannes macht.

Auspurn

Ein Loch ausbohren, aber auch ausreißen, davonlaufen. Ein Vorgang, der sich teils aus Angst, teils beim Großreinemachen, wie aber auch beim Anblick einer abgeschminkten Frau oder eines Mannes in langen Unterhosen vollzieht.

Ausstalliern

Mit etwas nicht zufrieden sein, nörgeln etc.

Außazuzeln

Zuzeln = lispeln, aber außazuzeln = aussaugen; die Tätigkeit diensteifriger Finanzbeamter, aber auch der Versuch, wortkargen Personen einige Worte oder Sätze zu entlocken.

Autwachla

Linienrichter beim Fußball, der im Gegensatz zum Schiedsrichter nur selten verprügelt und beschimpft wird. Mann mit Fahne (Flagge), ohne damit eine politische Richtung zu bekunden.

Baazn

Es sich gut gehen lassen, auf der faulen Haut oder in der Sonne liegen. »Baazn« kann man sich jedoch auch an seinen geschäftlichen Erfolgen, wie im Umgang mit schönen Mädchen.

Bachalwarm

Mitteldings zwischen heiß und kalt (lauwarm). Eine bachalwarme Angelegenheit ist etwas, das weder »hü« noch »hot« ist, wie etwa die Feststellung eines Mädchens: »Du bist der erste Mann, mit dem ich ins Bett gehe, dafür aber bestimmt der netteste!«

Badhur

Ein Mädchen, das schon morgens müde ist, obwohl es nachts mehrmals zu Bett gegangen ist.

Bakschierlich

Lieb, nett, hübsch, was sich jedoch nicht nur auf Mädchen, sondern auch auf Nippfiguren, Kleinwagen, Blumen etc. beziehen kann. Ausgenommen sind lediglich Junggesellen und Ehemänner.

Bampaletsch

Endprodukt einer vergessenen Pille. Meist bezogen auf Sprößlinge, deren Eltern wohl gemeinsam im Bett lagen, aber niemals gemeinsam vor den Traualtar traten.

Bankert

Ein Kind, das zu seinem Vater sagt: »Sollte meine Schularbeit etwa zu wünschen übrig lassen, dann wünsche ich mir eine Taucherausrüstung!« (Ungezogenes, lästiges Kind)

Banklreißn

Der Welt »ade« sagen; sich für immer verabschieden.

Bärndreck

Das, was Kinder gerne in den Mund nehmen, ohne sich am ungustiösen Namen zu stoßen = Lakritzenstangerln.

Bassena

Gerüchteküche. Treffpunkt der »Dreckschleudern« (s. d.) am Gang alter Häuser, wo neben Wasser auch sehr viel Klatsch versprüht wurde. Gang-Etagen-Wasserleitung mit Becken, als es in den alten Zinshäusern in den Wohnungen selbst noch kein Wasser gab.

Bauchfleck

Bauchfleck mit Anlauf, schmerzhafter Sprung ins Wasser, nach welchem am Bauch ein roter Fleck entsteht.

Bauxerl

Kleines, hilfloses, liebes Kind, das einem sogleich ans Herz wächst.

Behaa

Bezirkshauptmannschaft, entspricht dem vormaligen Landkreis. Vor allem aber ein heute schon etwas aus der Mode gekommenes Wäschestück, das meistens jene ablegen, die es eigentlich tragen sollten.

Beißerln

Das, was jeder dreimal im Leben erhält und womit die meisten klappern, wenn ihnen die Angst in die Glieder fährt = Zähne.

Benzn

Hartnäckiges Nichtlockerlassen. Das ständige Bitten um etwas, bis der Angesprochene schwach wird und dem gestellten Verlangen nachkommt.

Bersch

Knabe, Junge im Alter zwischen Schulbeginn und erster Liebe

Betonieren

Die Verarbeitung von Beton, aber auch: Händedruck, hart wie Beton, mitten ins Gesicht seines Gegenübers. »I betonier dir ane« heißt soviel, wie jemandem einen Schlag ins Gesicht versetzen.

Bimsrutschn

Bims = Brot, Rutschn = Rutsche, also Brotrutsche: Speiseröhre

Birnen

Obst, Glühbirnen, aber auch schmerzvolle Kraftübertragung mittels einer Faust (jemanden prügeln, schlagen)

Bleagazn

Planvoll getätigte Auf- und Abwärtsbewegung eines Augenlides (zublinzeln), um damit zu signalisieren, daß man nicht abgeneigt wäre, in nähere Beziehungen zu treten.

Blitzen

Den Kellner die Zeche zahlen lassen, Zechprellen. Wenn es aber bei einem Mädchen oder einer Frau blitzt, dann bedeutet dies, daß ihr Unterrock seine vorgeschriebene

Grenze überschritten hat und unter dem Kleiderrand hervorblitzt.

Bluzer

Etwas, das meist zuwenig zum Denken verwendet wird und nach Alkoholgenuß gewaltig brummt (Kopf).

Brennabi

Brenn herunter. Klare Flüssigkeit, die einem vom Mund bis in den Magen ein herrlich brennendes Gefühl verleiht = Schnaps.

Brockn

Großes Stück; aber »brockn« ist auch das Pflücken von Beeren, Blumen, jungen Mädchen etc.

Bua

Männliches Gegenstück zum »Madl« (Mädchen). Beide von Natur so gestaltet, daß sie zusammenpassen.

Buserieren

Keineswegs das Spiel mit zwei entzückenden Dingen, sondern jemanden mit Worten zu etwas drängen, was er nicht will.

Cäsar

Römischer Kaiser (100–44 v. Chr.), der nur deswegen in diesem Büchl Eingang findet, weil seine Nachfolger auch über Österreich herrschten, das damals noch Pannonia hieß und erst später Austria wurde. »Olim Austria Provincia Romana erat.« Das zu übersetzen, ist jedoch nicht unsere Aufgabe. Wir benötigen Cäsar nur des C's wegen.

Chaluppn

Kaum bewohnbare Hütte

Cilli

Abkürzung für Cäcilia, aber auch Stadt in Jugoslawien, die nunmehr Celje heißt, seinerzeit aber der k. u. k. Monarchie angehörte.

Dalkert

Unheilbar dumm

Damisch

Benommen, trunken vor Liebe, vor Freude etc.

Dampf

Zu Nebel gewordenes Wasser, aber auch von Alkohol berauscht. Wer einen »Dampf« hat, hat am nächsten Morgen neben dem Katzenjammer meist auch »Kohldampf« (Hunger).

Datschkerl

Zuschlagen, ohne weh zu tun. Eine Ohrfeige, die keine sichtbaren Spuren hinterläßt. Auch Liebesbezeugung.

Derfangen

Nach Krankheit oder Geldverlust sich wieder erholen. Von roten Zahlen auf einen grünen Ast gelangen.

Desparat

Verzweifelt, hoffnunglos

Dirndlverzahra

Männliches Wesen, das um die Keuschheit junger Mädchen so besorgt ist, daß er diese sogar mit in sein Bett nimmt, um ihnen dort zu erklären, was sie nicht tun sollen.

Drahdiwaberl

Kinderspielzeug (Drehkreisel), aber auch Meinungsventilator. Ein Mensch, der ständig seine Meinung ändert.

Dreckschleuder

Männliches oder weibliches Wesen, dem es Spaß macht, mit der Schmutzwäsche anderer Staub aufzuwirbeln.

Dusl

Benommen durch Schlaf, trunken.

Eingspritzter

Alkoholisiertes Individuum

Eintegeln

Sich bei jemandem einschmeicheln, beliebt machen.

Eintrankeln

Dem Wein, Schnaps oder Bier zusagen. Sich betrinken.

Enten

Die »Ente« = Geflügel, Zeitungslüge, jedoch »enten« = drüben, jenseits, hinten.

es

Es (ös) = ihr. »Ös seids aba wohl mehr als a klanwengerl teppert!« = »Ihr seid wohl etwas mehr als nur ein bißchen dumm!«

Extrig

»Is des extrig für mi?« = »Ist das extra für mich?« (extra, ausnahmsweise, besonders)

Faam

Gastronomische Maßverminderung.
Schaum, der zum Beispiel beim Bier oftmals in zu großer Menge abgegeben wird.

Farferl

Kleine Teigware in der Suppe (Farferlsuppe). Meist wird damit jedoch ein liebes, aber etwas beschränktes weibliches Wesen bezeichnet.

Faxn

»Kumm zur Sach', mach' keine Faxn!« = Soviel wie »Tu doch schon etwas, rede nicht soviel herum! Zier dich nicht so!« Faxn = Narrheiten, Umschweife.

Fischpln

Tonstufe, in der meist Geheimnisse verraten werden = flüstern.

Fleck

Speiserest auf der Kleidung. Ein Nichtgenügend im Schulzeugnis, ein Kontra beim Kartenspiel, aber auch die Brieftasche oder ein Tausendschillingschein.

Fleischmader

Menschliches Wesen mit Raubtierappetit, das sich vorwiegend von Fleisch ernährt.

Fliagn

Sich in einem Flugzeug oder der Länge nach fortbewegen, wird aber auch als Masche zu Smoking und Frack getragen.

Flinserl

Schmuck im Ohrläppchen. Meist von jenen Männern getragen, die jede Frau bekommen, die sie wollen – zumal sie nur jene wollen, die sie bekommen.

Flitza

Nackter Jogger, aber auch fahrbarer Untersatz, in welchen man gerade dann nicht mehr hineinpaßt, wenn man ihn sich leisten könnte. Flotter Sportwagen.

Fratz

Unartiges Kind, aber auch junges Mädchen, das der Herr Papa in der Disco zum Telefon rufen läßt, um ihr zu sagen: »Komm bitte nach Hause, du mußt mir bei deinen Schulaufgaben helfen!«

Fretten

Anstrengen, abmühen, aber auch sich einschränken

Frießling

Einer, bei dem man besser daran täte, Rechen und Schaufel statt Messer und Gabel auf den Tisch zu legen.

Frnak

Gesichtsvorsprung (Nase)

Fuadan

Nahrungsbeförderung vom Mund in den Magen. Im Grunde genommen die einfachste Lösung, um einen knurrenden Magen zum Schweigen zu bringen.

Funsl

Lampe mit spärlichem Licht. Weibliches Wesen von reizlosem Äußeren.

Gaach

Rasch, schnell. Jedoch: Einen »Gaachen haben« ist das, was meist Ehefrauen verspüren, wenn sie daheim auf ihren Gatten warten (Zorn).

Gaachblond

Haarfarbe, die ins Auge fällt. Von Damen der Halbwelt bevorzugt.

Galeristen

Angehörige der Wiener Unterwelt, die man auf der Galerie (letzter Rang im Theater) nur sehr selten antrifft. Ihr Spiel wird unter Ausschluß der Öffentlichkeit getätigt. Sollte diese dennoch einmal mit einbezogen werden, dann wird sie danach gar nicht gefragt, sondern sogleich betrogen.

Geigeln

Fortbewegungsart betrunkener Zeitgenossen (schwanken, torkeln)

Germ

Das, was den »Tag« (Teig) zum Aufgehen zwingt = Hefe.

Gestrich

Wenn jemand mit seinen Anschauungen, gleich welcher Art, »von Gestern« ist. Heute versucht man, dieses Übel durch Vergangenheitsbewältigung zu beseitigen.

Gfrorenes

Man kann es laut Kästner im Blick, aber an heißen Tagen auch als Schleckerei am Stiel, im Stanitzel (s. »Österreichisch für Anfänger«), am Teller serviert bekommen, und zwar als wohlschmeckende, angenehme Kühle (Speiseeis).

Gifthüttn

Vorwiegend von Männern bevölkerte Hütte, in der Obst und Getreide in flüssiger, destillierter Form verabreicht wird.

Giftnudl

Glimmstengel, Zigarette. Aber auch jemand, der an niemandem etwas Gutes läßt, sich ständig durch zynische Bemerkungen unbeliebt macht.

Gigerer

Heute nur noch selten anzutreffen. In längst vergangenen Zeiten jedoch Fleischlieferant der Armen: Pferdefleischhauer.

Gimpl

Singvogel. Einfältiger Mensch, der oftmals aus dem Rahmen fällt, ohne jemals im Bild gewesen zu sein.

Glatzenscherer

Einer der wenigen Männer, die noch den Mut haben, den Frauen gewaltig den Kopf zu waschen (Friseur).

Göd

Ein Mann, an den man sich im Zusammenhang mit seiner ersten Uhr, dem ersten Wirtshausbesuch und damit natürlich auch an seinen ersten Rausch erinnert (Firmpate).

Gölsn

Gelse, Stechmücke, Schnacke. Aber auch: Wenn die Türe aufgeht und niemand das Zimmer betritt, dann war das eine »Gölsn«, eine ganz schlanke, abgemagerte, kaum wahrnehmbare Person.

Grapschn

Durch den »Busengrapscher von Bonn« international geworden. Hierzulande jedoch eher als ungesetzliche Verlagerung der Eigentumsrechte bezeichnet (stehlen).

Graupert

Häßlich, ungepflegt, so daß einem beim Anblick eines »Grauperten« das »Grausen« kommt.

Grausen

Ekelerregende Empfindung

Grean

Grün (grean) wie ein Jüngling, der seine ersten Erfahrungen in der Liebe sammelt; aber »grean« ist auch eine polizeiwidrige, unsichere Angelegenheit = krummes Ding.

Grezl

Geographischer Umkreis, in dem man meist seine ersten Watschen (s. »Österreichisch für Anfänger«) bezieht, die ersten Fenster einschlägt und mit der ersten Liebe Bekanntschaft schließt = Straßenzug, Teil eines Bezirks, Häuserblock etc.

Griffl

Schreibutensil früherer Taferlklaßler, vorwiegend jedoch für Finger, wie zum Beispiel: »Gib weg da deine Griffl, du machst mi ja wurlert!« (»Gib deine Finger weg, du machst mich ganz nervös!«)

Gschamich

Schüchtern, verschämt. Der Zustand, in dem man sich befindet, wenn man etwas gerne möchte, es sich aber nicht zu tun getraut.

Gschau

Blick, wie zum Beispiel der eines Mannes, dessen ganzes Geld zum Teufel ging, weil er glaubte, einem Engel vertrauen zu können.

Gschamsterer

Liebhaber, Freund, vorwiegend in Wien gebräuchlich.

Gscher

»Wie der Herr, so sein Gscher« sagt ein altes Sprichwort. Gemeint sind damit dessen Schwierigkeiten, Ärger und Plagen.

Gschlacht

Ein gschlachtes Dirndl = ein gut gebautes, hübsches Mädchen, bei dessen Anblick selbst die erfahrensten Piloten aus den Wolken fallen.

Gschmackig

Pikant, wohlschmeckend. Auf weibliche Wesen bezogen: nett, adrett, hübsch – eben zum Verlieben.

Gschraa

Das, was sich selbst ein ausgewachsener Mann öfters anhören muß, wenn er im Büro einen Fehler gemacht hat oder angeheitert nach Hause kommt = Geschrei. Und wenn dies die Nachbarn hören, kommt die ganze Familie ins »Gschraa« (Gerede, Verruf).

Gschrapp

Kleines, liebes Kind. Junges Mädchen, das die Liebe noch nicht kennt.

Gschraupt

Hochgestochen, eingebildet. Einer, der zu allem seinen Senf geben muß und dabei gar nicht ahnt, daß er selbst nur ein »Würstchen« ist.

Gschwafl

Dummes Gerede, etwa nach dem Motto: »Es genügt nicht, keine Ideen im Kopf zu haben. Man muß sie auch äußern können!«

Gspielettl

Kleine Spielerei, Hobby

Gspitzt

Krank, schlecht aussehen wie jemand, der gerade mit dem Messer eines Chirurgen Bekanntschaft geschlossen hat.

Gstellt

Gut gebaut. »Gstellt« ist ein Mädchen, dem man gern nachblickt.

Gugaschecken

Gesichtspunkte, denen oft der standhafteste Mann nicht widerstehen kann (Sommersprossen).

Gupf

Erhebung; wobei weniger an die Erhöhungen dieser Erde (Berge) noch an ähnliche Erhöhungen weiblicher Art gedacht ist, sondern eher an Schlagobers im Kaffee und dergleichen.

Gustieren

Auswählen, kosten, probieren

Gwurl

Ein Durcheinander

Hackn

Werkzeug (Hacke, Beil). Aber auch: Die unangenehme Begleiterscheinung unseres Lebens, wenn man auf ehrliche Weise sein Geld verdienen will (Arbeit).

Haftl

Drahtschlinge, bestehend aus Öse und Haken, wie man sie als Verschluß etwa bei Damenröcken verwendet. Sagt aber ein Bursch zu einem Mädchen: »Dirndl mach' ma a

Haftl«, sind seine Absichten eindeutig – wobei es dann allerdings heißt: »Aufpassen wie a Haftlmacher!«

Häkerln

Jemanden aufziehen, foppen, necken, zum Narren halten

Haklich

Wählerisch in der Auswahl. Man kann aber auch »haklich« (heikel) auf seine Frau, sein Gewand, sein Auto usw. sein.

Halawachl

Unverläßlicher, leichtsinniger Mensch

Hamur

Etwas, das die meisten nur dann haben, wenn es nicht sie selbst betrifft = Humor.

Happl

Kopf ohne Hirn, jedoch nur in bezug auf Gemüse wie Kohl, Kraut oder Salat.

Hasrich

Krankheit von Parteirednern, Demonstranten, Hitzköpfen usw. (heiser)

Haxn

Menschliches wie tierisches Fortbewegungsmittel, Gehwerkzeug = Beine

Heint

Gegenteil von morgen = heute. »Heint kim i zu dir!« = »Heute komm ich zu dir!«

Hemad

Kleidungsstück, dem gerade dann, wenn man es braucht, ein Knopf fehlt = Hemd.

Hetschapetsch

Hagebutte, als Tee gesund, daher müssen ihn Gesunde nicht trinken.

Holler

Holunder. Man kann aber auch einen »Holler« (dummes Zeug) sprechen, wie die Aussage eines Betriebsrates, der meint: »Wir stehen bereits am Rande des Abgrunds, deshalb ist es notwendig, daß wir alle einen gewaltigen Schritt nach vorne tun!« (Des is a Holler.)

Hundsfuata

Hundefutter. Im weiteren Sinn wird damit jedoch ein geriebener, abgefeimter »Hundsfott« bezeichnet, der es faustdick hinter den Ohren hat. Ein Mensch, dem nicht zu trauen ist.

Hunzn

Was so manche Truppenausbilder, Chefs etc. so an sich haben – andere ärgern, tyrannisieren etc.

Hussn

Aufhetzen, jemanden zu etwas ermuntern, was er im Prinzip eigentlich gar nicht will.

Ihna

Ihr. »Herr, ihna Hemad blodert!« = »Herr, ihr Hemd schlägt Falten!«

Ihnare

Ihre. »Ihnare Pamperletsch könnans daham lassn!« = »Ihre Kinder können Sie zu Hause lassen!«

I – Tüpferl

Der Punkt, der aus einem senkrechten Strich einen Buchstaben macht = i-Punkt. Auch das gewisse Etwas.

Jagatee

Im Winter in Schihütten und beim Après-Ski zu konsumierender modischer Grog, auf ländliche Art zubereitet. Findet auch Verwendung, um unterkühlte Mädchenherzen zu erwärmen.

Jaukerl

Das, was einem der Arzt meist dann verpaßt, wenn er sich seiner Diagnose nicht ganz sicher ist (Injektion).

Jessas

Ausruf, auf vielerlei Art zu gebrauchen wie »Jessas, das habe ich fast vergessen!« – »Jessas, die Milch geht über!«

Jogl

Naturbelassener, ländlicher Hirngeschädigter

Juchee

Ausruf, wenn einem etwas geglückt ist oder Freude bereitet. Jedoch »oben am Juchee« ist soviel wie »oben am Berg«, am Ende der Welt.

Justament

Jetzt erst recht!

Kaisersemmel

Täglich zum Frühstück des Kaisers zur Audienz befohlene Semmel (Brötchen).

Kaleschn

Kutsche. Damit bezeichnet man aber auch ein altes, verrostetes Fahrzeug (nicht Oldtimer), mit dem man sein Ziel nur mehr mit Gottes Hilfe erreicht.

Kampl

Lausrechen, Kamm. Sagt aber ein Mädchen: »Du bist mir a Kampl!«, dann kann sich der Angesprochene glücklich fühlen, denn sie will damit zum Ausdruck bringen: »Du bist ein Draufgänger, ein Held!«

Kapriz

Das, was man unberechtigterweise immer nur dem weiblichen Geschlecht zuordnet – Launen.

Kasig

Hautverfärbung bei Angst und Krankheit: Bleich wie Käse aussehen.

Katz

Ein schnurrendes Etwas, das auf zwei hübschen Beinen eine hübsche Figur herumträgt.

Keiler

Ausgewachsener Wildeber, aber auch einer, der einem mit schönen Worten das verkauft, was man nicht braucht (Vertreter).

Keppeln

Redefluß zänkischer Frauen (zanken)

Keuschn

Hütte am Land, in der die Ärmsten der Armen wohnen. Meist schon sehr arg von Wind und Wetter heimgesuchte Bleibe.

Kiefeln

Nagen. Man kann zum Beispiel einen Knochen abkiefeln, aber auch an einem Problem »herumkiefeln«, wie jener Mann, der einfach nicht verstehen will, warum Masseure für etwas bezahlt werden, wofür man ihm selbst auf die Finger haut.

Klachl

Von manchen Damen bevorzugter Muskelprotz: großer, kräftiger Mann.

Klamsch

Menschen mit einem Klamsch bezeichnet man als »Tickreiter«, Personen, die es glänzend verstehen, sich mit ihrem Tick allseits unbeliebt zu machen.

Klezln

Das Loslösen eines angeklebten Gegenstandes. Kann allerdings nicht in bezug auf Freund oder Freundin, Gattin oder Gatten angewandt werden.

Koberin

Eine, die davon lebt, daß sie andere ins Bett schickt (Kupplerin).

Konfusionsrat

Scherzhaft für einen Menschen, dem es gegeben ist, alle und alles auf gut gekonnte Weise durcheinander zu bringen.

Krawattltenor

Einer, dem zum Singen eigentlich nur die Stimme fehlt, insbesonders die hohen Töne.

Krawutisch

Zustand knapp vor innerer Explosion (zornig).

Kummerl

Einer, der die Hoffnung aufgegeben hat, jemals Kapitalist zu werden (Kommunist).

Läddn

Wer sie hat, ist – aus welchen Gründen auch immer – lädiert, das heißt verletzt, gebrechlich, fehlerhaft. Eigentümlicherweise betrifft dieses dem weiblichen Geschlecht angehörende Wort meist männliche Wesen.

Lamsiader

Das Gegenteil eines »Einbraters« (s. »Österreichisch für Anfänger«), nämlich ein Langweiler, der im eigenem Saft verschmort.

Lapp, Lopp

Einer, der noch immer auf die Zuteilung geistiger Gaben durch den lieben Gott wartet. Aber »ein guata Lapp«, ein einfältiger Mensch, dessen Gutheit meist von seinen Mitmenschen ausgenützt wird.

Latten, Lottn

Weibliches Wesen, das wegen fehlender Rundungen als solches nicht zu erkennen ist.

Lavendelschmäh

Wirksame Methode männlicher Überredungskünstler, flotte Motten munter zu machen.

Lax

Lässig bis schlaff – oft die letzte Rettung für einen Junggesellen, ein solcher bleiben zu können.

Leich

Erst in zweiter Linie ein Leichnam, viel eher als dessen Begräbnis gemeint, wobei die nachmalige Leich zu Lebzeiten trachtet, eine schöne zu haben.

Leiwand

Nicht zu verwechseln mit der allseits bekannten Leinwand, da nicht als Hauptwort gebräuchlich, sondern als Ausdruck für ok oder dulli (s. »Österreichisch für Anfänger«).

Losser

Die passive Hälfte einer männlichen Zweierbeziehung (s. Tuarer).

Magerln

Jenes Gefühl, das einen nach einem mißglückten Abenteuer befällt: Man ärgert sich.

Mamlas

Traummännlein in menschlicher Gestalt

Mandln

Lustvolle Tätigkeit, zu der unbedingt ein Weiberl gehört: titschkerln, schnacksln usw. (s. »Österreichisch für Anfänger«)

Mangerl

Ein saft- und kraftloses Objekt, wobei es auf vertrocknete Kirschen ebenso anzuwenden ist wie auf einen Mann, der nur mit viel Phantasie als solcher zu erkennen ist.

Marb, morb

Ein oft nur der Kunst der Köchin zu verdankender Zustand einer Speise, nämlich mürbe. Im übertragenen Sinne auch der nach langem Einkochen eingetretene Effekt bei einem feschen Frauenzimmer.

Marie

Wer sie hat, der hat – Geld nämlich. »Her mit der Marie!« ist daher die etwas unprosaische Aufforderung zum Abliefern der Moneten.

Maschekseitn

Jedes Ding hat zwei Seiten – diese ist die andere.

Masn

Um das zu haben, bedarf es des Glückes im wahrsten Sinne des Wortes, denn nur mit Masn hat man Masn: Glück

Matsch

Ungeliebter Zustand, der bei dem einen früher, beim anderen später eintritt. Er ist die Folge verschiedenartiger Anstrengungen, die durch keine Anstrengung zu beseitigen ist. Schande ist es keine, denn müde und matt wird jeder einmal.

Maurerklavier

Mangels genügend Schiffer werden hierzulande die in großer Zahl vorhandenen Maurer mit jenem Klavier in Verbindung gebracht, das keines ist: Ziehharmonika.

Maxln

bedeutet keineswegs, einen Max in die Welt zu setzen, sondern vielmehr, durch Schlingenlegen Wild verbotenerweise aus dem Leben in den Kochtopf zu befördern.

Melwich, möwich

Eine besondere Art der Konsistenz einer Speise. Einerseits eine nicht gar gekochte oder gebackene Mehlspeise, andererseits gibt es auch möwiches Obst, nämlich saftloses.

Mistelbacher

Wollen Sie wissen, was Mistelbacher bedeutet, fragen Sie am besten in Wien einen Wachmann. Er wird Sie, wenn nötig, tagelang darüber aufklären.

Mollad

Genau das bißchen Zuviel an Rundungen, das Mannsbilder zum Stoßseufzer animiert.

Mostschädl

Geographisch auf Oberösterreich begrenzter Menschenschlag, der sein Leben lang nur zwei Getränke zu sich nimmt: Muttermilch und Most, letzteres länger, daher der Name.

Mugl

Ursprünglich für einen Hügel gehalten, kam er letztlich mit Alkohol in Verbindung und ist als »Muglrausch« weit verbreitet, besonders in flachen Gegenden, wo es nur Weinberge gibt.

Narrenkastl

Möbelstück, das nur in der Phantasie existiert, jedoch unentwegt besichtigt wird. Typischerweise schaut niemand auf das N., sondern ins. Da noch niemand das Innere zu sehen bekam, ist seine Zukunft gesichert. Es ist das einzige Ziel, in das man ziellos schaut.

Neger

Selbst Neger können »neger« sein und sind es auch zumeist, worin sie sich hinwiederum in keiner Weise von den meisten Weißen unterscheiden, denn auch in diesen Kreisen ist Geld Mangelware. Daher gibt es sogenannte Negeranten (Rainhard Fendrich: »Ich bin ein Negerant, Madame«), die nicht fürchten müssen, eines Tages auszusterben.

Nipf

Ihn kann man jemandem nur nehmen, niemals aber geben. Der des N. Entledigte ist hernach mut-, energie- und lustlos. Wie er wieder zu seinem N. kommt, ist ganz allein seine Sache.

Nüacht

Der unglückselige Zustand zwischen Erwachen und erster Zufuhr alkoholischer Nahrung.

Nummer

Ein Profi-Akt der Geschlechter, der weit entfernt von Liebe ist.

Ogrosl

Von der Stachelbeere ist der Sprung zum weiblichen Geschlecht nicht mehr weit und daher ist die (Lady) »O.«, das heißt das O., ein stacheliges, borstiges und daher kaum begehrenswertes Weib.

Ohbrocken

In der Natur gibt es so viel zum O., wobei besonders junge Pflanzen und Blumen gemeint sind, die »gepflückt« werden möchten. Mädchen, die nicht ohbrockt werden, verwelken daher als alte Jungfrauen.

Ohkiefeln

An allen Knochen und an manchen Ehefrauen gibt es eine Menge »ohzukiefeln«. Zumindest beim Knochen weiß man nachher, wozu es gut war.

Ohpaschen

Heimliche Entfernung – vor der Ehe meist durch den präsumtiven Gatten, nachher meist durch die frustrierte Gattin.

Ohpassen

Ein aus Liebe oder Eifersucht geborenes Geduldspiel, bei dem es darum geht, dem Liebsten oder dem Untreuen so lange aufzulauern, bis man ihn entweder hat oder ihn leicht los wird.

Ohschasseln

Die Kunst, einen ungebetenen Gast, Liebhaber oder Vertreter so rasch loszuwerden, daß man eine unterbrochene Tätigkeit nicht zu lange hinausschieben muß.

Ohspena

Die erste böse Erfahrung im Leben: von der Muttermilch entwöhnen. Später: Einrücken zur Entziehungskur.

Ohstauben

Reicht über das normale Reinigen und Staubentfernen weit hinaus. Außer zu Speise- oder Getränkeresten kommen gevifte Abstauber auch in den Genuß alleingelassener weiblicher Gesellschaft.

Ohstiern

Zu Geld oder Wertsachen kommen, indem man einige Handfertigkeit entwickelt, die sich hauptsächlich auf die Bekleidung von im Moment unzurechnungsfähigen Zeitgenossen konzentriert.

Öl

Man kann danach bohren, es verzehren, es sich auf die Haut tun oder ganz einfach darin sein. Wer darin ist, also »im Öl« ist, hat nicht nur genug, sondern schon zuviel. Er ist nämlich betrunken.

Packeln

Unmoralische Tätigkeit, solange es andere tun. Ist man selbst dabei, wickelt man ein freundschaftliches Geschäft ab.

Packelrass

Resultiert aus dem vorangegangenen Packeln und bezeichnet die Teilnehmer dieser Packelei. Mafiosi auf österreichisch.

Paff

–

Paff

Sprachlos. Siehe oben.

Papperl

Wohlschmeckender Stoff, der der Nahrungsaufnahme dient und zu Österreichs größten Kunstfertigkeiten gehört.

Pariser

Ein vor der Erfindung der Pille allgemein verbreitetes luftballonähnliches Erzeugnis aus dünnem Gummi, das seinen Namen nach seinen ersten Gebrauchern erhielt und dessen lückenhafter Anwendung das Leben unzähliger Mitmenschen zu verdanken ist.

Peitscherlbua

Nicht mit einem Fiaker zu verwechseln! Gehörte früher dieser Zunft nur insoferne an, als er sich Pferderln hielt, die auf den Strich gingen. Wechselte inzwischen zu den Lossern (s. d.).

Pemstln

Schon wieder das gleiche wie mandln (s. d.) etc.

Pepihacker

Mit Hacken hat er wohl etwas zu tun, wie er aber zum Pepi kam, bleibt ein Rätsel, denn nur wenige Pferde heißen Pepi. Auf jeden Fall ist er ein Pferdefleischhauer, auch Gigerer (s. d.) genannt.

Pfandl

Öffentliche Anstalt, in der alle Kreise der Bevölkerung verkehren, weil sie entweder Geld brauchen oder welches haben. Da es sich um keine Bank handelt, kann es nur etwas Lustigeres sein, und das ist es auch, nämlich eine Pfandleihanstalt.

Pferderln

Neben den Lipizzanern und den Fiakerpferden gibt es hierorts noch andere Pferderln, die sich von ersteren vor allem dadurch unterscheiden, daß sie nur zwei Beine haben, aber sich doch von jedermann reiten lassen. Sie werden vornehmlich von einem ehedem »Peitscherlbua« (s. d.) genannten Typ ins Rennen geschickt, der sich auch um die finanziellen Belange kümmert.

Pflanz

Selbst unsere Gärtner wissen, daß P. nicht bedeutet, Pflanzen in die Erde zu setzen, sondern daß dies auch ein beliebtes Gesellschaftsspiel ist. Wer nicht im gärtnerischen Sinne pflanzt, der foppt, täuscht oder hält zum Narren. Wer keinen P. braucht, hat es nicht nötig, mit viel Aufwand auf sich aufmerksam zu machen.

Pitzln

Mögen Sie vor jenen Typen bewahrt bleiben, denen p. zum Lebensinhalt geworden ist: sie geben sich nur mit kleinen, unwesentlichen Dingen ab, p. eben und treiben ihren Partner an den Rand des Wahnsinns. Wer pitzlig ist, ist auch ein sogenannter Erbsenzähler.

Plaazn

Unkontrolliertes Weinen, oft mit dem Hintergedanken, ein bestimmtes Ziel zu erreichen. Wird leicht durch ein paar simple Worte – »Plaaz net, i heirat die eh!« – gestoppt.

Plodern

Erstes Anzeichen von Gewichtsverlust: die Kleidung beginnt zu p., das heißt zu schlottern, sie ist zu weit.

Pompfineberer

Unabkömmliche Begleiter bei einer schönen Leich (s. d.). Jene Profis, die dafür sorgen, daß der Verstorbene den Hinterbliebenen nichts Böses nachsagen kann.

Possn

Ein seltsames Wort für ernten. P. tut man nur bei Nußbäumen, nämlich mit Stangen die Früchte vom Baum schlagen. Es ist nicht zu empfehlen, diese Erntemethode beim Marillen, Birnen o. ä. anzuwenden.

Pracker

Neben dem Nudelwalker (s. »Österreichisch für Anfänger«) das wichtigste Erziehungsgerät für ungehorsame Ehemänner. Findet nebenbei als Teppichklopfer Verwendung.

Pritschln

Am schönsten ist es, wenn man es zu zweit tut, womöglich mit dem Geschlecht seiner Wahl. Unbedingt notwendig dazu ist Wasser, denn in Eselsmilch oder anderer Flüssigkeit kommt es auf dic Dauer zu teuer. Plätschern Sie wohl!

Pudeln

Nur mit dem Vorwort »auf« interessant und meist beschwichtigend gebraucht: »Pudeln S'Ihna net auf!« = »Bewahren Sie ruhig Blut!«

Pücher

Einst als Pilger bekannt, ist es besser, Sie meiden seine Bekanntschaft. Warum? Das merken Sie spätestens dann, wenn es zu spät ist.

Pudern

Schon wieder ein anderes Wort für dasselbe! Vgl. mandln (s. d.). Muß eine vielfältige Sache sein. Warum steht es in keinem anständigen Wörterbuch?

Punkert

Kleinere Ausgabe von mollert (s. d.)

Quargel

Jede anständige Kuh würde ihre Milchproduktion einstellen, wenn sie wüßte, welches Produkt aus ihrer unschuldsvollen Milch der Mensch herzustellen imstande ist. Q. ist jene Käsesorte, die vor allem den Geruchssinn strapaziert, des Geschmackssinns wegen jedoch noch nicht verboten wurde.

Quargeln

Der erfolgreiche Versuch, über ein Thema möglichst blöd daherzureden, gewissermaßen das Motto dieses Büchls.

Quiqui

Er ist der, der alljährlich bei den Salzburger Festspielen den Jedermann und ansonsten jederzeit jedermann holt: der Tod.

Raach

Der Ausdruck bedeutet zwar steif, ist jedoch auf die Gelenke beschränkt und daher von Mann und Frau gleichermaßen verpönt.

Rama

Wie international die österreichische Sprache ist, beweisen das Wort r. und die folgenden. Ausgehend von r. = räumen, gibt es die indischen Formen von ramatama = räumen tun wir, ramaturi = räumen tu ich und ramatans = räumen tun sie. Eine besondere linguistische Spezialität ist das Wort ramatatma, was soviel bedeutet wie räumen täten wir, wobei ungeklärt bleibt, warum sie nicht ramatan = räumen tun. Das Wort ramatatmare (Betonung auf der letzten Silbe) verkündet die Bereitschaft zum Räumen (Räumen würden wir ohnehin), stellt aber gleichzeitig eine unausgesprochene Bedingung oder ein Hindernis in den Raum. Diese zu erfüllen oder wegzuräumen, ist jedoch nicht Aufgabe dieses Büchleins.

Rauchfangtaubn

Zählt nicht zu den Vögeln, kommt auch nicht dazu, weil sie wegen ihres ungepflegten Äußeren keinen männlichen Partner findet.

Reankn

Das ist ein größeres Stück, leider nur vom Brot.

Riglsam

Sind es die Frauen, ist es den Männern nur recht, sind es die Männer, geraten sie leicht in den Verdacht, unlauteren Dingen nachzugehen – wer rührig und geschäftig ist, wird eben nicht immer richtig eingeschätzt.

Ruaß

Von Ruß ist dabei weniger die Rede als von ungutem Gesindel, einer Anhäufung von Ruaßflankerln, an denen man am besten nicht anstreifen möge, ebensowenig wie an einen Ruaßkäfer = Dirne.

Saubartl

Ein Mensch, der weder die Seife erfunden hat, noch gewillt ist, sie zweckdienlich zu nützen.

Schabracken

Der Alptraum männlicher Ästheten: eine Frau, die nicht fähig ist, ihre Jahre mit Würde zu tragen. Das Wort stammt aus dem Türkischen und bedeutet Satteldecke.

Schaln

Besonders feine modische Bekleidung. Wer sich »in Schale wirft«, erregt meist Aufsehen (»Der is klaß gschalnt!«).

Scharl

Schoten von Bohnen oder Erbsen. Junge Bohnscharln sind nichts anderes als grüne Bohnen oder Fisolen.

Scharwenzln

Das gockelhafte Bemühen liebeshungriger Männer um die Gunst einer bestimmten Dame, die gezicrt darauf achtet, daß dem Werber über kurz oder lang der Kamm schwillt.

Schastrommel

Halbgebildete werden vielleicht glauben, daß es sich hierbei um die berühmte Trommel des Schahs handelt, was jedoch grundfalsch ist. Hätte der Schah nämlich jemals eine Schastrommel gehabt, hätte er sie umgehend in die Wüste geschickt und eine jüngere und schönere Frau geheiratet. Womit geklärt ist, was mit Schastrommel gemeint ist.

Schlamassl

Eine nicht endenwollende Pechsträhne.

Schlampert

Wer die Nachlässigkeit auf die Spitze treibt, ist s. Damit wird ein besonderer Lebensstil praktiziert, um zu dokumentieren, wie sehr man über den banalen Dingen des täglichen Lebens steht. Ein »schlampertes Verhältnis« ist demnach eine Verbindung zwischen Mann und Frau, die nicht ganz ernst genommen wird.

Schlampn

Ein Frauenzimmer, das seine Zeit und sich willig offeriert, wenn auch nur für schwache Stunden.

Schlidn

Wenn ein Mann von einer Frau behauptet, sie sei ein S., dann steht er sicherlich mit dieser Behauptung nicht allein da.

Schmarrn

Eine aus Mehl, Erdäpfeln, Semmeln oder Palatschinkenteig hergestellte Speise, die sich auch arme Leute leisten können. Ein sogenannter Kaiserschmarrn macht dabei keine Ausnahme. Man bezeichnet damit auch wertloses Zeug und dummes Gerede.

Schmattes

Vergessen Sie nie, ihn zu geben, sei es dem Kellner, dem Friseur, dem Dienstmann, dem Taxilenker, dem Fiaker, dem Billeteur, dem Portier, dem Stubenmädchen, dem ... kurz allen, mit denen Sie Kontakt bekommen. Geld stinkt nicht, auch wenn es von Ihnen kommt.

Schmettern

Wer seinen Schmäh (s. »Österreichisch für Anfänger«) anbringen will, tut es, nämlich ein wenig aufschneiden und angeben, von prosaischen Menschen als Lügen bezeichnet.

Schmolln

Jener Teil des Brotes, der von Zahnlosen bevorzugt wird, weil sie die Rinde nicht beißen können. Leider ist es bisher noch keinem Bäcker gelungen, nur eine Schmolln, also das weiche Innere des Brotes allein zu backen.

Schneid

Wenn ein Messer Schneid hat, ist es scharf, hat der Bua a Schneid, dann ist er mutig.

Schnoferl

Ein S. zieht man, und zwar um den Mund, sodaß der Partner sofort weiß: man ist beleidigt.

Schuastern

Und noch einer der vielen Ausdrücke, die für ein und dieselbe Sache stehen, die sowohl stehend als auch liegend ausgeübt werden kann. Zumindest einer sollte jedoch stehen.

Schwaben

Ist der Durst allzugroß, sollte man sich dieses Tätigkeitswortes erinnern und ihn einfach mit der entsprechenden Flüssigkeit hinunter»schwaben«. Danach ist der Durst weggeschwemmt.

Schwasser

Im Lied kommt dieser Ausdruck paarweise vor: Mia san *zwa* oide Weaner Sch. In ihre Kompetenz fallen so lebenswichtige Tätigkeiten wie Mädchen betören, leichtsinnig leben, Trinkfestigkeit beweisen etc.

Schweigl

Ein Schwasser (s. d.) bekommt keinen Schweigl, weil er trinkfest ist. Sch. ist demnach ein handfester Rausch.

Seicherl

Ein wehleidiges Manderl, das sich am liebsten bei aller Welt entschuldigen möchte, daß er der Allgemeinheit Sauerstoff wegatmet.

Simperl

Sowohl als geflochtener Brotkorb bekannt, als auch als Benennung für einen ausgesprochenen Dodel (s. »Österreichisch für Anfänger«).

Spechtln

Tätigkeit der Spießer (s. d.) zur Befriedigung ihrer notgedrungenen Passivität.

Spießer

Ein sich aus bravem Kleinbürgertum in lustvolle Höhen aufschwingender Voyeur.

Sprisserl

Menschen mit zarten Nerven haut es vom S., wenn sie Unangenehmes hören; sie stürzen von einer imaginären Sprosse ihrer Alltagsleiter. Das passiert den auf einem S. in ihrem Käfig sitzenden Vögeln äußerst selten.

Sprudler

Mädchenbeine, die ohne erotische Ausstrahlung lediglich bemüht sind, den daraufsitzenden Körper möglichst ungefährdet von der Stelle zu bewegen.

Spuckerl

Mitleiderregende Objekte werden mit S. bezeichnet, darunter fallen alle kleinen Wesen wie der Piccolo (Kellnerlehrling) und auch das Auto, in das man nur mit Hilfe eines Schuhlöffels einsteigen kann.

Stauchen

Beliebtes Spiel mit Untergebenen, um sie noch kleiner werden zu lassen. Viele Chefs stauchen liebend gerne, um die Umgebung ihrer eigenen Größe anzugleichen. Wer gestaucht wird, ist zusammengedrückt, also ein Gestauchter.

Stierln

So lange in der Vergangenheit, Gegenwart und Zukunft eines Menschen bohren, bis die wahre Identität völlig umgedreht ist. Wer stierlt, rührt eben um und bei der Stocherei findet mancher den Mist, der von ihm selber stammt.

Stummerl

Liebevolle Bezeichnung für einen stummen Menschen, der entweder wirklich nicht reden kann oder es sich im Verlaufe harter Ehejahre abgewöhnt hat.

Stupp

Jenes weiße Kosmetikpulver, das als (Kinder) Puder viele praktische Anwendungsmöglichkeiten besitzt. Die S. tut strapazierter Haut gut. Schon so mancher Zuzlfleck (s. d.) wurde damit kaschiert.

Tachinieren

Das zum Lebensprinzip erhobene Nichtstun, der göttlichen Faulheit entsprungen. Wer von unbändiger Arbeitsunlust befallen ist, leidet an Tachinose. (Wobei »leidet« rein rhetorisch aufzufassen ist.)

Tauchen

Wer taucht, muß dies keineswegs unter Wasser tun, sondern braucht dazu lediglich einen oder mehrere Menschen um sich. Dann erst kann er nämlich drängen, drücken, schieben. Antauchen tut jener, der anschiebt, hat jemand einen Antaucher, hat er auch bald einen begehrten Posten.

Tetschn

Der kleinere Bruder einer Watschn (s. Österreichisch für Anfänger), ein Ohrfeigerl sozusagen.

Titschn

Wenig sanft etwas berühren, aneinander- oder gar eindrücken. Zu Ostern ist es Brauch, gefärbte Eier nach gewissen Regeln zu beschädigen – Eiertitschen nennt man dies.

Titschkerln

Endlich wieder ein neues Wort für eine alte Sache (s. mandln etc.)

Totschlachtig

Mit tot hat es nur insofern etwas zu tun, als darunter die Eigenschaft einer Person zu verstehen ist, die nur wenig Temperament, also Leben zeigt.

Trampl

Weibliche Person, die infolge weithin merkbarer Dummheit jeden Mann zur olympischen Disziplin der Läufer verhilft, zum Davonläufer allerdings.

Trickern

Wer trickert, wird trocken, wer getrickert wird, wird geprügelt. Das heißt aber nicht, daß jener, der prügelt, auch trocknet oder jener, der trocken ist, geprügelt wird.

Tristn

In freier Natur stehendes Liebesnest aus angehäuften Strohballen, das zunächst im zarten und später im fortgeschrittenen Alter benützt wird, in beiden Fällen jedoch in der meist vergeblichen Hoffnung, etwas Außergewöhnliches zu erleben.

Trum

Ein Trum allein ist nichts, es ist vergleichbar mit einer Null, die auch erst mit einer anderen Zahl etwas Besonderes zählt. Bringt man etwas mit einem Trum in Verbindung, wird es gewaltig: eine Trum Nase etwa, ein Trum Rausch oder ein Trum Fleisch. Noch größer ist ein Mordstrum – wie der Name sagt.

Tschäsn

Hieß in früheren Jahren einmal Auto und sollte sich jetzt ohne eigenen Pannendienst im Geleit nicht mehr auf die Straße wagen.

Tunken

Weitverbreitete Bürotätigkeit, die meist nach der Mittagspause ausgeübt wird: schlummern, dösen. Daß dies mit einer Tätigkeit verbunden ist, beweist der Ausdruck »ein Tunkerl machen«.

Tupfen

Wer tupft, der berührt oder tippt. Die dritte Möglichkeit ist jedoch weiter verbreitet und unter zahlreichen Ausdrücken bekannt (s. titschkerln etc.).

Tuttln

Beliebtes Spielzeug, das seinen Reiz verliert, je mehr es öffentlich zur Schau getragen wird.

Tuarer

Der Mann in einer Zweierbeziehung, die aus zwei Männern besteht. Sein Partner ist der Losser (s. d.).

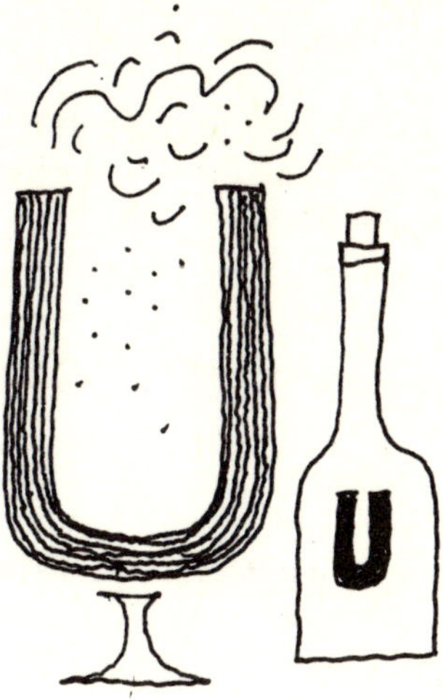

Überziagn

Je eher Sie die Bedeutung dieses Büchleins überziagn, umso schneller werden Sie begriffen haben, was ü. heißt. (Für Langsame: ü. = schnell begreifen, verstehen).

Uhudl

Ein einem Uhu nicht ganz unähnliches weibliches Wesen, das sich aus diesem Grunde auch nur nachts zeigen sollte.

Uhudler

Wer auf das männliche Gegenstück von Uhudl getippt hat, liegt falsch. Er liegt jedoch auf alle Fälle, wenn er sich zuviel des Uhudlers einverleibt hat. U. ist nämlich ein fälschlicherweise als Wein bezeichnetes alkoholisches Getränk, das in unseren Breiten wohlweislich verboten wurde, da es zu wenig Blindenhunde gibt.

Umihebn

Das aus dem schönen Wort »hinüberheben« abgeleitete U. ist bereits klanglich verdächtig. Hüten Sie sich vor einem, der dies mit Ihnen tun will – er will Sie nämlich betrügen.

Umurkn

Nicht nur Gurken heißen so, sondern auch jene Frauenzimmer, denen man nahe legen müßte, den mohammedanischen Glauben anzunehmen, um in Hinkunft verschleiert gehen zu müssen.

Ungustl

Das männliche Pendant zur Uhudl und Umurkn zugleich.

Untam

Eine Person, die die seltene Gabe hat, sich selbst im Weg zu stehen und seine Umgebung mit der Frage quält, was er denn mehr sei: unbeholfen oder ungeschickt.

Urringl

Längst nicht mehr nur weiblichen Personen vorbehaltener Schmuck im Ohr.

Verbandlt

Verbunden im Sinne von liiert und nicht nach einer Verletzung, welchselbe aber nicht auszuschließen ist, wenn zwei miteinander allzueng verbandelt sind.

Vergogln

Schon mancher Ehemann kommt leider zu spät darauf, daß er sich vergogelt, nämlich geirrt hat. Er wurde nämlich nicht aus Liebe geheiratet, sondern weil gerade Not am Mann war.

Verhatscht

Nicht nur Schuhen passiert dies, sondern jede andere Sache kann es sein – verworren, schief, formlos.

Verknofeln

Unglück bringen, indem man etwas verschreit. Alptraum abergläubischer Menschen.

Verkutzen

Der Versuch, einen steckengebliebenen Bissen herauszuhusten, aber auch das leise Hüsteln, wenn einem etwas in die falsche Kehle geraten ist.

Verscheppern

Ungeliebte Dinge an den Mann oder die Frau bringen – verkaufen.

Wadlbeißn

Obwohl hierorts nachweislich keine Kannibalen beheimatet sind, ist wadlbeißn eine äußerst beliebte Tätigkeit. Man braucht dazu weder Zähne noch Wadln (= Waden), sondern lediglich eine Person, die man verleumden, verspotten oder bekritteln kann.

Wan

Im Mittelalter auf Ritterrüstungen als Zeichen von Feindberührung begehrt, findet man dieselbe heutzutage vornehmlich am Autoblech als Zeichen innigsten Kontaktes mit motorisierten Straßenkameraden. Dellen oder Einbuchtungen schaden aber höchstens der Schönheit.

Weimberl

Person jeglichen Alters, die es versteht, sich überall Liebkind zu machen, indem es sich »einweimberlt« und stets auf seinen Vorteil bedacht ist.

Weisel

Unfreiwilliger Abschied, der besonders weh tut, wenn er sich auf ein von Wirten ausgesprochenes Lokalverbot bezieht.

Wetzen

Tätigkeit, um etwa ein Messer zu schärfen. Andererseits aber auch jene Tätigkeit zweier Menschen beiderlei Geschlechts, die bereits scharf aufeinander sind (s. mandln etc.).

Wiglwogl

Waageähnlicher Zustand, der den Betroffenen jedoch nicht ausgeglichen macht, sondern ihn einmal nach oben, einmal nach unten zieht. Geplagt von ewigen Fragen und unentschlossen in seinen Antworten, ist ein Mensch im Wiglwogl ein erbarmungswürdiges Geschöpf.

Wimmerl

Man kann von Glück reden, daß Wimmerln im Gesicht selbst in großer Zahl zu ertragen sind, aber als Bauch nur in einfacher Ausfertigung auftreten (=Wampe).

X-haxert

Das Gegenteil von o-beinig und ebenso bedauernswert. Das einzig Positive daran ist, daß Angehörige beiderlei Geschlechts davon betroffen sein können. Besondere Merkmale: Die Knie haben eine besonders enge Beziehung zueinander (bei den O-Beinigen gehen sie einander geradezu zwanghaft aus dem Weg).

Ypsilon

Ein Buchstabe, der wie bei Anfängern auch von Fortgeschrittenen außer acht gelassen werden kann, weil er noch immer nicht gewillt ist, in die österreichische Sprache Eingang zu finden.

Zauck(erl)

Weibliches Wesen, das sich mehr als andere seiner Geschlechtsgenossen zum anderen Geschlecht hingezogen fühlt, was ihm jedoch keine Ehre einbringt.

Zeller

Als Bauernkaviar bezeichnetes Gemüse (Sellerie), dessen Wirkung vor allem vom Glauben abhängt.

Zeugl

Untrennbar mit Fiakern zusammenhängendes Objekt, bestehend aus Wagen samt Pferden, wovon nicht nur das Fiakerlied kündet: »Mei Zeugl steht am Grabn …«.

Zezn

Wehleidige Person, mit der weder bei Tag noch bei Nacht etwas G'scheites anzufangen ist.

Zodn

Ungepflegt wirkende Haare, bei denen man heutzutage jedoch nicht sagen kann, ob ihre Trägerin gerade zum Friseur geht oder soeben vom Coiffeur kommt.

Zuagraster

Eine durch Ortswechsel sich verdächtig machende Person in neuer Umgebung. Zuagraste nehmen einen Zuagrasten äußerst mißtrauisch auf, daher ist der Wiener von Haus aus Skeptiker.

Zuckerl

Süßer Leckerbissen, der in fernen Landen Bonbon heißt, Bongbong ausgesprochen wird und daher viel an seiner Zartheit verliert. Als Z. wird auch eine besondere Attraktion angekündigt, z. B. daß es ab dem Jahre 2050 zu einem spürbaren Steuernachlaß komme.

Zuzlfleck

Erstes sichtbares Versprechen, jemanden »zum Fressen gern« zu haben. Meist in Halsgegend, notdürftig durch Auftragen von Stupp (s. d.) vor der Öffentlichkeit kaschiert.

Zwuzln

Allein deswegen wurde dieses Büchl geschrieben. Sie sollen sich bei der Lektüre zwuzln, zerwuzeln, biegen vor Vergnügen. Falls das bis jetzt noch nicht der Fall war, fangen Sie wieder von vorne an. Sie sollten die Hoffnung nicht aufgeben.

Redensarten

Nach der Erklärung einzelner Wörter wagen wir uns nun auf das Glatteis der Redewendungen und versuchen uns sogar an einfachen Sätzen. Dies geschieht in bunter Reihenfolge, da sie in kein bestimmtes Schema passen.

Laß mi anglahnt

Innigliche Bitte eines Menschen, ihn endlich in Ruhe zu lassen.

I seil mi o

Ankündigung, nicht mehr länger an einer Sache mitmachen zu wollen. Diese Sache kann auch ein Partner sein, den man nun zu verlassen im Begriffe ist.

Hau di über die Häuser

Mögliche Antwort einer Person, die soeben erfahren hat, daß sie ihr Partner verlassen möchte und ihm empfiehlt, sich so rasch wie möglich zurückzuziehen.

Der rührt um

Feststellung im Zusammenhang mit einem Zeitgenossen, der wie ein Wirbelwind dabei ist, Althergebrachtes völlig umzukrempeln.

Du wirst a Brezn reißn

Warnung vor dem Scheitern in einer bestimmten Angelegenheit, wobei es nicht ganz schmerzlos zugehen wird.

Putz di

Hat mit Reinigen nichts zu tun, sondern bedeutet lediglich, der Angesprochene möge sich entfernen.

Verroll di

Variante zu »Putz di« (s. d.)

Du gehst mir auf den Hammer

Die erste unmißverständliche Feststellung, daß einem der andere auf die Nerven fällt.

I patz dir ane

Sollte alles gute Zureden, der andere möge verschwinden, nichts fruchten, folgt diese Drohung, eine Ohrfeige anzubringen.

Du kannst di brausen

Erwiderung auf ein unbotmäßiges Ansinnen mit dem Hinweis, nicht mitmachen zu wollen, sodaß der andere damit allein im Regen stehen bleibt.

I spuck dir a Glasaug

Angeberische Drohung, seinem Gegenüber derart kunstvoll seine feuchte Verachtung ins Gesicht zu schleudern, daß daraus ein Glasauge entstünde.

A Leiberl reißn

Die Kunst, sich derart in Szene zu setzen, daß eine maßgebliche Person von einem überwältigt ist. Auf diese Art kann man beispielsweise beim Fußball ein Leiberl anziehen, bei der Angebeteten hingegen ein Leiberl und noch mehr ausziehen.

Manderl machen

Wer Manderl macht, ist keineswegs aktiv, sondern eher das Gegenteil. Er lehnt sich gegen irgendetwas auf, stemmt sich gegen etwas auf, stellt »einen Baam auf« (s. d.).

Einen Baam aufstellen

Niemand stellt in diesem Fall einen Baum auf; es besteht sogar die Absicht, »Manderl zu machen« (s. d.), also passive Resistenz zu üben.

Seine Mucken haben

Jedem Tierchen sein Pläsierchen – so heißt es jedenfalls. Wer seine Mucken hat, gehört dazu, er spinnt ab und zu auf seine ganz persönliche Weise.

I bin neger

Geständnis eines Negeranten, bar jeglicher Barschaft zu sein und daher schnorren zu müssen. Neuerdings einem Kavaliersdelikt gleichzusetzen, weil sich viele Betroffene früher allzusehr als Kavalier fühlten.

I bin im Öl

Seufzer eines Menschen, der damit keineswegs kundtun will, wie eine Sardine ins Schwimmen geraten zu sein. Er ist nicht äußerlich von Öl umgeben, sondern innerlich vollgepumpt mit Alkohol. Er hat, wie es gleichbedeutend heißt, »a Fettn«, er ist »fett wie die russische Erde«.

Ana muaß der Nowak sein

Resignierende Feststellung eines vom Schicksal Vernachlässigten. Der Nowak ist stets der, der alles Unglück dieser Welt magnetisch an sich zieht, aber noch die Kraft hat, dies zu registrieren.

Ana hat immer das Bummerl

Es ist zumeist der Nowak, der das Bummerl (s. »Österreichisch für Anfänger«) hat. Genausogut aber kann der Nowak auch Maier, Müller, Fischer oder Schmid heißen.

Der hat mi eineglegt

Wer dies sagen muß, ist Opfer eines Gauners geworden. Er wurde von ihm keineswegs irgendwohin gelegt, sondern ganz einfach »gelegt«, nämlich betrogen.

Er laßt mi hängen

Das, was ein Freund einem nicht antun sollte – nämlich im Stich lassen. Selbstgespräch eines älteren Herren: »Gestern hast du mi hängen laßn, heut laß i di hängen!« Und weigert sich, wischerln (s. »Österreichisch für Anfänger«) zu gehen.

Dem putz i 's Gstell

Drohung eines empörten Zeitgenossen, jemandem die Leviten lesen zu wollen, ihm also gehörig die Meinung zu sagen.

Des haut mi firi

Was sich so roh anhört (Das wirft mich nach vorn), ist die Folge eines Erlebnisses angenehmer Natur wie zum Beispiel ein Kunstgenuß im Theater. Aber auch ein Heurigenmusikant kann einen »firi haun«, also seelisch aufbauen.

Auf die Goschn fallen

Ganz so wörtlich ist das nicht zu nehmen. Wer dies tut, ist höchstens auf irgendeine Art im Leben gescheitert, er hat Lehrgeld gezahlt und macht es das nächste Mal besser.

I brich o

Ich breche ab, ich zerlege mich in zwei Teile. Ausruf der Begeisterung, der Freude oder des Erstaunens, der nicht ernst genommen wird.

Einen Karl machen

Bedeutet nicht die Zeugung eines männlichen Nachkommens, sondern die Hetz, das Vergnügen, der Spaß, den man etwa beim Heurigen miteinander hat.

Steig oba

Aufforderung an einen Mitmenschen, sich vom hohen Roß zu begeben, auf dem er irrtümlich zu sitzen glaubt. Meist sitzen ja jene dort oben, die vom Reiten keine Ahnung haben.

Holz vor der Keuschn

Wer sich rühmen kann, Holz vor der Keuschn zu haben, ist stets weiblicher Natur und mit besonderem Brustumfang ausgestattet.

Schindln am Dach

Warnender Ausruf eines schlüpfrigen Geschichten lauschenden Zeitgenossen, um den Erzähler davon in Kenntnis zu setzen, daß ein unschuldvolles Wesen im Anmarsch ist. Heutzutage eine völlig unnötige Vorsichtsmaßnahme.

I bin do net dein Schani

Ich bin doch nicht dein Diener! Schani ist die Bezeichnung für einen, der sich von anderen ausnützen läßt.

Mach dein Brotladn zua, es ziagt!

Mach Deinen Mund zu, es zieht. Angebracht wird dieser Ausspruch meist dann, wenn jemand vergißt, beim Anblick einer schönen Frau oder beim Lesen eines spannenden Krimis seinen Mund zu schließen.

Du kannst mi bucklfünferln

Du kannst mir den Rücken hinunter rutschen! Aufforderung, die nahe an die des alten Berlichingen reicht.

Es san schon Hausherrn gstorbn

Nicht die Feststellung, daß auch Besitzer von Gebäuden sterben können, ist bemerkenswert, sondern das, was damit gemeint ist: Auf der Welt ist nichts unmöglich, selbst eiserne Jungfrauen können einmal schwach werden, der potenteste Kraftlackl kann einmal schlaff werden und David kann sogar Goliath besiegen.

Schiach wie der Zins

Zeitgemäßer Vergleich für die Häßlichkeit einer Person, die schon an Unmenschlichkeit grenzt.

Hupf in Gatsch und schlag Welln

Besonders bildhafte Aufforderung an einen unlieben Zeitgenossen, in den Gatsch (s. »Österreichisch für Anfänger«) zu springen und sich dort wellenförmig aus dem Staub zu machen.

In die Blüah gehn

Wörtlich: In die Blüten gehen. Ein viel zu schönes Bild für den wahren Sinn, wonach ein Vorhaben danebengegangen ist oder überhaupt nicht ausgeführt werden kann. Eine Rendezvous mit der Liebsten, die nicht erschienen ist, ist demnach in die Blüah gegangen.

A Hund auf der Geign

Was ein Hund auf einer Geige zu suchen hat, fragt man sich dabei vergeblich. Damit soll lediglich zum Ausdruck gebracht werden, daß ein Mannsbild alle Vorzüge aufzuweisen hat, die sich eine Partnerin nur wünschen kann.

Den Huat drauf hauen

Eigenartigerweise kann man ihn auch daraufhauen, wenn derselbe brennt. Im Allgemeinen ist man von einer Sache derart enttäuscht, daß man von dem Vorhaben abläßt und resigniert.

Da legst di nieda

... und stehst nimmer auf, ist die logische Ergänzung zu dieser Aussage, bei der stets ein wenig Erstaunen mitklingt. Schon mancher Chirurg sagte dies angesichts der Tatsache, daß der Patient sich nicht daran gehalten hat und gesund geworden ist.

Reiß o wie a Vierzgerzwirn

Aufforderung an sein Gegenüber, so rasch wie ein Vierzgerzwirn (sehr dünn) abzureißen, also das Weite zu suchen und nicht mehr wiederzukommen.

Des is a gmahte Wiesn

Weder Bauern noch Klein- oder Schrebergärtner tun diesen Ausspruch, wenn sie ihre Wiese gemäht haben. Es geht dabei weniger um die Bereitung von Tierfutter oder die Verschönerung der Umgebung, sondern um ein leichtes Unterfangen, das bereits so gut wie erledigt ist und keinerlei Schwierigkeiten bereitet.

Verkühl di net

Verkühlen ist von erkälten weniger weit entfernt als das, was mit dieser Redewendung gemeint ist. Dem Partner wird damit klargemacht, daß das Ding nicht so laufen muß, wie er es sich vorstellt. Spielt ein alter Casanova etwa einer hübschen Maid heiße Liebe vor, kann er sich leicht verkühlen, indem sie ihn erhört und damit blamiert.